Colaboração: Denise de C. Rocha Delela
Ilustração das cartas: Nada Mesar (A Solitária)
Projeto Gráfico: Chatriya Hemharr-vibul

Oráculo Wicca

BUSQUE ORIENTAÇÃO NA SABEDORIA MILENAR DAS BRUXAS

EDITORA PENSAMENTO
São Paulo

Título original: Wiccan Oracle.

Copyright © 2005 Lo Scarabeo.

Publicado originalmente por Lo Scarabeo, Edizioni d'Arte, Turim, Itália.

Todos os direitos reservados. Nenhuma parte deste livro pode ser reproduzida ou usada de qualquer forma ou por qualquer meio, eletrônico ou mecânico, inclusive fotocópias, gravações ou sistema de armazenamento em banco de dados, sem permissão por escrito, exceto nos casos de trechos curtos citados em resenhas críticas ou artigos de revistas.

Dados Internacionais de Catalogação na Publicação (CIP)
(Câmara Brasileira do Livro, SP, Brasil)

Oráculo Wicca : busque orientação na sabedoria milenar das bruxas / colaboração [tradução] Denise de C. Rocha Delela ; ilustração das cartas Nada Mesar (A Solitária) ; projeto gráfico Chatriya Hemharnvibul. -- São Paulo : Pensamento, 2007.	
Título original: Oracolo Wicca ISBN 978-85-315-1506-4	
1. Bruxaria 2. Magia 3. Ocultismo 4. Oráculos 5. Wicca (Religião) I. Delela, Denise de C. Rocha. II. Mesar, Nada. III. Hemharnvibul, Chatriya.	
07-6537	CDD-133.43

Índices para catálogo sistemático:
1. Oráculo Wicca : Ocultismo 133.43

O primeiro número à esquerda indica a edição, ou reedição, desta obra. A primeira dezena à direita indica o ano em que esta edição, ou reedição, foi publicada.

Edição	Ano
1-2-3-4-5-6-7-8-9-10-11	07-08-09-10-11-12-13-14

Direitos de tradução para a língua portuguesa
adquiridos com exclusividade pela
EDITORA PENSAMENTO-CULTRIX LTDA.
Rua Dr. Mário Vicente, 368 — 04270-000 — São Paulo, SP
Fone: 6166-9000 — Fax: 6166-9008
E-mail: pensamento@cultrix.com.br
http://www.pensamento-cultrix.com.br
que se reserva a propriedade literária desta tradução.

Sumário

O que é Wicca?... 5

O Oráculo Wicca.. 7

Consagração do Oráculo 9

Preparativos.. 10

A interpretação das cartas 12

Esquema de tiragem das cartas 13

Outros usos do Oráculo Wicca......................... 17

As cartas.. 21

O que é Wicca?

A Wicca, também conhecida como Arte das Bruxas, é uma versão moderna das antigas tradições pagãs que se desenvolveram na Europa. A sua origem é anterior ao cristianismo e seu princípio básico é: "Se não prejudicar ninguém, faze o que quiseres".

Os wiccanos, em sua maioria, acreditam que a Divindade se manifesta tanto sob a aparência masculina como feminina, e respeitam essas energias da mesma maneira, acreditando que elas existem em todos os lugares — principalmente na natureza e dentro de cada ser humano.

Os wiccanos realizam rituais que celebram a energia masculina representada pelo Deus e pelo Sol — os sabás —, e rituais que celebram a energia feminina representada pela Deusa e pela Lua — os esbás. Existem oito sabás no calendário wiccano: Samhain, Yule (Natal), Imbolc, Ostara (Páscoa), Beltane, Meio do Verão/Litha, Lugnasadh/Lammas e Mabon.

A magia é uma parte importante do caminho espiritual do wiccano. Ela geralmente é praticada dentro de um espaço sagrado, chamado círculo mágico, e realizada com instrumentos rituais, muitas vezes diante de um altar. Os instrumentos mais comuns do wiccano são o athame, o pentáculo, o cálice e a varinha. O athame é uma faca ritual de dois gumes, associada ao Deus e ao elemento Ar. Ele é usado para lançar o círculo mágico, invocar os guardiões dos quadrantes e canalizar o poder pessoal. O pentáculo, que incorpora o principal símbolo associado à Wicca, tem propriedades tanto masculinas quanto femininas. Pela sua capacidade de repelir a negatividade e de ancorar e proteger, ele está ligado ao elemento Terra. O cálice é associado à Deusa e à energia feminina. Por conter líquidos, o cálice é também associado ao elemento Água. E a varinha é associada ao Deus e ao elemento Fogo. Ela é usada para lançar o círculo mágico, invocar os guardiões dos quadrantes e também canalizar energia.

A Wicca também busca a verdade e o entendimento por meio do desenvolvimento pessoal e do contato com forças superiores. A meditação, os rituais e a divinação (entre eles a cartomancia) são alguns dos métodos usados pelos wiccanos para entrar em contato com essas forças.

O Oráculo Wicca

A cartomancia — a adivinhação pela leitura e interpretação de cartas — é um método muito usado hoje em dia pelos praticantes da Wicca. As cartas do Oráculo Wicca são compostas de símbolos que derivam das várias tradições da magia popular européia (são, em sua maioria, símbolos celtas e figuras arquetípicas sem nenhuma relação com uma tradição em particular). Todos esses símbolos têm significados profundos e foram selecionados cuidadosamente para ligá-lo à sua sabedoria interior ou à divindade que você cultua. Não importa se você escolheu cultuar um Deus protetor, um Deus e uma Deusa ou várias divindades diferentes. O Oráculo será um meio de comunicação entre você e Ele e/ou Ela.

Contudo, muito poucos wiccanos (e seguidores de outros credos) conseguem se comunicar com as divindades facilmente e no momento que bem entendem. Por isso o Oráculo Wicca é um instrumento tão valioso. Ele ajuda você a se tornar mais consciente e aberto à orientação superior e à sua própria intuição.

O Oráculo pode ser usado como um simples sistema divinatório, para revelar o passado, o presente e o futuro, como também pode ser um instrumento de desenvolvimento espiritual. A meditação e a reflexão também se tornam muito mais ricas quando você usa o Oráculo.

Você também pode usar o Oráculo em rituais mágicos, como ponto de energia em feitiços e encantamentos. E não só isso! As suas cores e figuras também podem servir como uma introdução ao universo Wicca.

Consagração do Oráculo

Antes de fazer qualquer consulta ao Oráculo Wicca, convém purificar e abençoar o baralho para que ele se torne um objeto sagrado e carregado de poder. Para isso, imagine uma luz branca envolvendo as cartas e purificando-as de qualquer energia negativa. Peça também à sua divindade protetora para que elas possam servir como um meio de comunicação entre vocês. Em seguida você pode aspergir o baralho com água e sal ou passá-lo pela fumaça de um incenso, imaginando que as energias negativas estão se dissipando. Deixe-o sobre o altar ou embrulhado em veludo preto sempre que ele não estiver sendo usado.

Preparativos

Sempre que consultar o Oráculo Wicca, ligue-se com as Forças de Bem deste planeta para abençoar e purificar a si mesmo e ao ambiente. Isso eliminará as energias negativas, carregadas ou opressivas e deixará você mais relaxado e concentrado no seu objetivo. Os praticantes mais experientes podem lançar um círculo mágico para delimitar um espaço sagrado. O círculo mágico estabelece uma fronteira entre o mundo exterior e o mundo da magia, criando um espaço bem demarcado e seguro. O lançamento do círculo não é necessário, mas se você o fizer, notará que as distrações externas ficam muito reduzidas e você consegue se concentrar melhor.

Procure sempre fazer as leituras num lugar silencioso ou reservado. Se tiver um altar, fique diante dele. Caso não tenha, providencie uma toalha especial, que você só usará para esse fim, e coloque o baralho sobre ela. Lembre-se de que o Oráculo é um instrumento consagrado e por isso deve ser tratado com respeito e reverência.

Acenda um incenso para elevar as vibrações do ambiente a um nível espiritual. Acenda também uma vela para indicar ao Subconsciente que algo especial está para acontecer e medite durante alguns minutos para dissipar pensamentos ligados ao dia-a-dia.

Comece a consultar o oráculo embaralhando as cartas. A princípio você pode usar um dos métodos habituais, como o da "Carta do Dia", em que você sorteia uma carta que servirá como tema de meditação para esse dia. Esse é o método mais indicado para se familiarizar com o significado de cada carta. À medida que vai adquirindo prática, você pode usar métodos mais sofisticados, como os sugeridos a seguir. Vários exemplos de seqüência são apresentados aqui para que você inicie a sua trajetória com o Oráculo Wicca.

A interpretação das cartas

No que diz respeito à interpretação das cartas, saiba que o seu significado pode mudar quando a carta estiver invertida, ou seja, de cabeça para baixo. Normalmente uma carta nessa posição tem um significado menos positivo. Por essa razão, no momento de embaralhar as cartas, vire-as em todos os sentidos, para que algumas fiquem na posição invertida.

Se você tiver a impressão de que a carta está sugerindo um significado diferente, confie na sua própria intuição e criatividade. Só tenha em mente que não existem leituras "certas" ou "erradas". Simplesmente trate as cartas como trataria amigos queridos, interessados em aconselhá-lo.

Depois de concluir a leitura, registre a data e todas as cartas sorteadas. Escreva também algumas sentenças curtas sobre a sua experiência e o que ela lhe revelou. Caso tenha feito alguma pergunta, registre-a também, junto da resposta que obteve.

Esquema de tiragem das cartas

Carta do dia

Neste método, você só tira uma carta; é o mais simples para uma breve leitura. Ele pode ser usado no início da manhã, antes de uma viagem ou de novas oportunidades. Antes de tirar uma carta, concentre-se numa pergunta específica ou deixe a mente aberta enquanto pede orientação para esse dia que se inicia. Nessa seqüência, você só vai usar as Cartas Metafísicas e as Cartas Simbólicas. Embaralhe-as e tire a Carta do Dia.

Pergunta e resposta

Você pode usar esse método para descobrir a época em que determinado evento ocorrerá. Você pode perguntar, por exemplo, quando encontrará um novo amor ou qual a melhor época para realizar um encantamento. Para isso, separe do baralho as Cartas dos Oito Sabás Principais, faça uma pergunta mentalmente e tire uma delas aleatoriamente. Caso sorteie a carta do sabá Ostara, por exemplo, isso indica que a época mais favorável será o começo da primavera, quando toda a natureza desperta para a vida.

Sim ou não

Caso você queira uma resposta do tipo "sim" ou "não", embaralhe apenas as Cartas dos Deuses e sorteie uma delas depois de pensar na sua pergunta e pedir a orientação da sua divindade protetora. Caso sorteie a carta do Deus, a resposta é "não", caso sorteie a carta da Deusa, a resposta é "sim".

A seqüência das três cartas

Esta é a seqüência ideal para definir uma questão iniciada no passado, que se arrasta para o presente e será definida no futuro. Nessa seqüência, você só vai usar as Cartas Metafísicas e as Cartas Simbólicas. Basta tirar três cartas e dispô-las uma ao lado da outra, começando da esquerda para a direita.

A carta 1 se refere ao passado
A carta 2 mostra a questão no presente
A carta 3 define a questão no futuro próximo

Numa leitura alternativa, essas três cartas também podem representar:

Você mesmo (primeira carta)
O seu parceiro (segunda carta)
O relacionamento entre vocês (a terceira carta).

A seqüência do triângulo

Essa seqüência sintoniza você com a sua divindade protetora. Use-a para obter revelações sobre as lições da sua alma.

Desenhe numa cartolina a figura de um grande triângulo. Separe as Cartas dos Oito Sabás, as Cartas dos Deuses e as Cartas Simbólicas e Metafísicas em três montes diferentes e deixe de lado as Cartas dos Elementos. Depois embaralhe cada um dos três montes, enquanto se concentra e invoca a orientação divina. Quando sentir que está pronto, coloque os três montes sobre a mesa, um ao lado do outro e voltados para baixo. Sorteie uma carta dos Deuses e coloque-a, ainda fechada, sobre o vértice superior do triângulo. Sorteie uma carta do monte das Cartas Simbólicas e Metafísicas, colocando-a, fechada, no vértice inferior direito do triângulo e, por fim, sorteie uma carta do monte dos Oito Sabás Principais e coloque-a, fechada, no vértice esquerdo. Abra uma carta por vez, interpretando-a antes de abrir a seguinte.

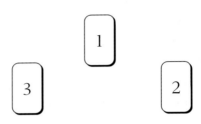

Posição 1: Esta carta revela o sexo da divindade que está orientando a sua leitura de cartas neste momento. Ao abrir a carta, procure intuir o nome ou visualizar a imagem desse Deus ou Deusa e agradeça-o(a) pela orientação.

Posição 2: Esta carta representa a mensagem da sua divindade protetora para você agora. Se nessa posição houver uma carta invertida, isso é sinal de que algumas nuvens ainda têm de se dissipar para que você possa brilhar de verdade.

Posição 3: Esta carta dos Oito Sabás Principais representa a fase da sua vida que você está vivendo no momento.

Outros usos do Oráculo Wicca

Meditação

A meditação é uma prática saudável que pode melhorar a concentração e os seus poderes psíquicos, além de ser uma boa oportunidade para entrar em contato com a sua sabedoria interior e com os seres da astralidade superior.

Caso você já tenha experiência nas práticas wiccanas, você pode abrir o círculo e criar um espaço sagrado para a meditação.

Para meditar usando o Oráculo Wicca, tire do baralho as Cartas dos Oito Sabás Principais e as Cartas dos Elementos e reserve-as. Escolha um lugar tranqüilo, onde você não será perturbado, e escureça um pouco o ambiente, deixando-o à meia-luz. Sente-se numa posição confortável, no chão ou numa cadeira, mantendo a coluna reta. Se quiser, coloque uma música relaxante de sua preferência. Coloque o baralho na sua frente ou segure-o nas mãos. Respire fundo três vezes e procure se concentrar. Durante alguns minutos apenas observe os seus pensamentos, até que perceba a mente se aquietando. Os pensamentos vão ficando cada vez mais espaçados. Quando se sentir pronto, peça à sua divindade predileta ou aos seus amigos espirituais para que lhe mostrem, por meio das cartas, a lição que você precisa aprender nesta etapa da sua vida. Se tiver uma pergunta específica, sobre um assunto pendente, faça-a agora. Respire fundo mais uma vez e embaralhe as cartas. Sorteie uma carta do baralho. Olhe fixamente para a imagem da carta sorteada e procure tirar da mente todos os pensamentos. Abra-se para a sua orientação interior, abandonando todos os desejos e pensamentos e entregando-se à luz da verdade. Procure captar a mensagem que essa carta quer lhe transmitir. Lembre-se de que nenhuma mensagem do seu sábio interior ou das divindades ou amigos espirituais faz qualquer julgamento ou nos provoca medo ou sentimentos de culpa. Caso a carta lhe mostre uma característica negativa que você precise aprimorar ou uma situação difícil, tenha a certeza de que neste momento você já está recebendo a ajuda espiritual necessária para superá-la. Depois de refletir durante algum tempo sobre a imagem da carta, respire fundo mais uma vez e agradeça às divindades e amigos que vieram em seu auxílio.

Feitiços e encantamentos

Você pode usar o Oráculo Wicca em seus rituais e feitiços. Eis a seguir algumas dicas sobre como fazer isso:

- Use as Cartas dos Elementos para representar cada um dos guardiões dos quadrantes.

- Use as cartas do Deus e da Deusa como uma representação da divindade que você está invocando no seu ritual. Durante essa prática, deixe-as sobre o altar ou no centro do círculo.

- Ao celebrar os Sabás, represente cada um deles com uma das Cartas dos Sabás Principais.

- Use uma carta como ponto focal ao invocar a força de um dos elementos ou do Deus e da Deusa para dar mais poder à sua magia.

As cartas

O Oráculo se compõe de 33 cartas numeradas e subdivididas em grupos temáticos menores:

Quatro *Cartas dos Elementos*, que podem ser usadas nos encantamentos para representar os Guardiões dos quatro quadrantes (as direções cardeais), que velam e protegem os rituais de magia.

1 — **O Athame**, que representa o quadrante Leste e o elemento Ar.

2 — **O Pentáculo**, que representa o quadrante Norte e o elemento Terra.

3 — **O Cálice**, que representa o quadrante Oeste e o elemento Água.

4 — **A Varinha**, que representa o quadrante Sul e o elemento Fogo.

Duas *Cartas dos Deuses*, que têm o mesmo significado quando são tiradas na posição normal ou invertida:

5 — **A Carta da Deusa**, que representa Arádia, a Rainha das Bruxas. Esta carta pode ser usada, nas leituras das cartas ou em rituais, para representar uma divindade ou pessoa com energia feminina. Ela simboliza o aspecto feminino, a parte receptiva.

6 — **A Carta do Deus Cornífero** (o Deus masculino), que representa Cernunos. Esta carta pode ser usada, nas leituras das cartas ou em rituais, para representar uma divindade ou pessoa com energia masculina. Ela simboliza o aspecto masculino, a parte ativa.

Oito cartas representando os *Oito Sabás Principais*, que juntos formam a Roda do Ano. Os sabás celebram a mudança das estações e os festivais celtas. Os dois solstícios e os dois equinócios dividem o ano em quatro estações: inverno, primavera, verão e outono. Os festivais celtas — Imbolc, Beltane, Lugnasadh e Samhain — são celebrados em datas fixas, no intervalo entre essas transições sazonais. Mitologicamente, eles representam o ciclo anual da donzela, mãe, anciã, e o nascimento, casamento, maturação e morte do Deus.

De acordo com o calendário wiccano celta, o ano começa com Samhain.

Essas cartas podem ser usadas para indicar um tempo. Por exemplo, quando a carta de Yule aparece numa leitura, ela pode significar que o acontecimento previsto pelas cartas acontecerá durante o inverno.

7 — **Imbolc**, que significa "leite de ovelha", é o festival que marca o início da estação fértil do ano. É uma época em que o inverno ainda persiste, mas a primavera já se anuncia. A Natureza desperta do seu sono, as primeiras flores desabrocham.
Indicação de tempo: *fim do inverno*. Por ser um indicador de tempo, essa carta tem o mesmo significado na posição normal ou invertida.

8 — **Ostara/Páscoa** é um festival da fertilidade, simbolizado por uma Lebre. No hemisfério Norte, a Páscoa cai numa data próxima ao equinócio da primavera, quando a noite e o dia têm praticamente a mesma duração. Existe uma tensão entre luz e trevas de modo a atingir o equilíbrio, e a energia do inverno dá passagem à primavera.
Ligue-se com a explosão de vitalidade e de juventude característica dessa época.
Indicação de tempo: *começo da primavera*. Por

ser um indicador de tempo, essa carta tem o mesmo significado na posição normal ou invertida.

9 — **Beltane** (também conhecido como Dia de Maio). Esse festival celebra a sexualidade, os filhos e as fadas. É simbolizado por um mastro com fitas presas no alto, em torno do qual as pessoas dançam. As mulheres seguem numa direção e os homens na direção contrária, todos com uma fita que entrelaçam ao redor do mastro. Ritual de fertilidade.
Época cheia de vibração em que se deve celebrar o amor pela vida.
Indicação de tempo: *primavera*, época em que, por tradição, celebrava-se o ritual do Grande Rito (o casamento sagrado entre a Grande Deusa e o Deus Cornífero, para garantir a fertilidade da terra, dos animais e dos casais). Por ser um indicador de tempo, essa carta tem o mesmo significado na posição normal ou invertida. O Deus Cornífero representa a energia masculina, na figura do noivo; e a Grande Deusa, a energia feminina, na figura da noiva.

10 — **Meio do Verão/Litha.** Esse festival é a manifestação do crescimento e da maturidade. Tra-

ta-se do dia mais longo do ano, quando o poder solar está no seu apogeu. Maturidade. O Deus Cornífero, no auge da sua força, na figura de um homem.

Ótima ocasião para aumentar a energia interior e se desenvolver interiormente, utilizando a energia energizante do Sol.

Indicação de tempo: *verão*, ritual tradicional do fogo. Por ser um indicador de tempo, essa carta tem o mesmo significado na posição normal ou invertida.

11 — **Lugnasadh/Lammas.** Época em que o Deus Cornífero é o Deus do Verão, em todo o seu vigor e maturidade. Trata-se da estação da colheita, quando os frutos da estação precisam ser colhidos antes que o tempo fique ruim e coloque tudo a perder. Mitologicamente, esse é o tempo em que o Deus começa a morrer, um sacrifício voluntário em favor da comunidade. Isso é representado pela sombra cinzenta atrás do Deus. Pode ser o período ideal para colher os frutos de nossos esforços, refletindo sobre a nossa vida e não nos esquecendo de que é preciso valorizar e agradecer nossos talentos — assim como as bênçãos e a abundância da Terra.

Indicação do tempo: *fim do verão*, quando o outono se aproxima. Por ser um indicador de tempo, essa carta tem o mesmo significado na posição normal ou invertida.

12 — **Mabon.** Final da estação da colheita. Os wiccanos celebram com uma festa de grãos, frutas e vegetais. Esse é também o tempo da colheita principal, quando são oferecidos os primeiros e melhores frutos para os Deuses em agradecimento pela fertilidade do campo. A colheita é celebrada e a abundância armazenada para o inverno que se aproxima.
Trata-se de um período de equilíbrio natural, que você pode aproveitar para meditar e exercitar a sua intuição.
Indicação de tempo: *outono*. Por ser um indicador de tempo, essa carta tem o mesmo significado na posição normal ou invertida.

13 — **Samhain** (Atualmente mais conhecido como Halloween.) Essa é a época do ano em que o véu entre os mundos é mais tênue. Os ancestrais são lembrados e nas celebrações é feita uma refeição para os que partiram. A Grande Deusa, em seu aspecto de Anciã, chora a morte do seu

consorte, que deu a vida pela comunidade, e contempla o nascimento próximo do filho.

Aproveite para entrar em comunhão com os anjos e espíritos guardiões e dispersar a energia negativa.

Indicação de tempo: *fim do outono*. Por ser um indicador de tempo, essa carta tem o mesmo significado na posição normal ou invertida.

14 — **Yule.** Azevinho e velas. Festival que foi transformado em Natal. A Deusa dá à luz o Deus Sol e os wiccanos celebram o seu nascimento. Essa é a noite mais longa do ano, e as tradições wiccanas realizam a queima do lenho de Yule, que é aceso antes do pôr-do-sol e mantido ardendo até o amanhecer do dia seguinte.

Aproveite essa época para fortalecer a sua energia de renascimento e de crescimento. Mude velhos hábitos e padrões e seja uma nova pessoa.

Indicação de tempo: *inverno*, época do renascimento do Deus Cornífero em seu aspecto Deusa da Luz. Por ser um indicador de tempo, essa carta tem o mesmo significado na posição normal ou invertida.

Cartas metafísicas:

15 — **O Outro Mundo** é o reino dos mortos e também o reino das fadas. Trata-se de um mundo em que o tempo não tem importância, por isso as pessoas que entram nesse mundo por acaso geralmente descobrem que, enquanto estiveram ali, os anos passaram normalmente do lado de cá. Nesse meio tempo, as pessoas e lugares podem ter mudado muito ou até desaparecido. Essa carta tem o mesmo significado na posição normal ou invertida. Você logo sofrerá uma profunda mudança no seu jeito de pensar e velhos padrões terão de ser superados. É hora de fazer novos contatos e mergulhar na sua alma, para conhecer os seus tesouros.

16 — **As Três Sábias.** Essa carta representa as três Nornas, as três deusas que determinavam o destino da espécie humana. As Nornas eram Verdanti (o presente), Urd (o passado) e Skuld (o futuro). Essa carta tem o mesmo significado na posição normal ou invertida. Acontecerá algo que está além do seu controle. Você está nas mãos do destino. É hora de se entregar ao fluxo da vida, de não ter medo de avançar rumo ao

desconhecido. Tenha fé, confiança, certeza de que existe um plano maior que rege a sua vida e Forças do Bem zelando por você.

17 — **O Carvalho.** Essa carta tem o mesmo significado na posição normal ou invertida. Você tem de descansar. Preste atenção aos sinais do seu corpo para não se sobrecarregar. Cuidado com hábitos nocivos e pessoas que podem prejudicá-lo. É hora de zelar pela sua saúde e perceber que *ela* é o seu bem mais valioso.

As 16 *Cartas Simbólicas* representam símbolos, familiares e instrumentos da Wicca.

18 — **A Espiral**
Posição normal: A espiral é o símbolo do caminho da vida, das coisas que evoluem e da luta pelo equilíbrio. Tudo transcorre normalmente, as coisas estão avançando como deveriam. Você está se sentindo bem e em harmonia com o mundo à sua volta. Não dê ouvidos à negatividade do ambiente que o cerca. Zele pelo seu bem-estar imaginando em torno de si uma esfera de luz que o protege de influências externas indesejáveis.

Posição invertida: Perda do equilíbrio, caos. Você se sente perdido, confuso. Problemas à vista. É hora de restabelecer o seu contado com a Sabedoria Divina, pedir a orientação da sua divindade protetora e ouvir a intuição.

19 — **O Gato**
Posição normal: É preciso paciência e persistência; você está no caminho certo.
Posição invertida: Perigo iminente. Você não está ouvindo a sua voz interior. Preste atenção aos sinais interiores. Qualquer sensação de mal-estar, medo ou insegurança, recolha-se num ambiente tranqüilo, respire fundo e peça a orientação do seu Mestre Interior.

20 — **O Anel**
Posição normal: Você está sentindo amor, compreensão, compaixão, amizade, a proximidade da sua alma gêmea. Aproveite este momento de graça para estabelecer metas e visualizar um futuro radiante para você e para as pessoas que ama.
Posição invertida: Um relacionamento que se acaba; coração partido; sentimento de perda. Não é hora de se deixar levar pelo desânimo. Levante a cabeça e siga em frente, com a certeza

que a vida reserva muitas recompensas para quem tem coragem de enfrentar os desafios.

21 — **A Máscara**

Posição normal: Tenha cuidado com sentimentos ocultos, coisas que não são como parecem à primeira vista. Não julgue nada pelas aparências. Ligue as suas antenas e, principalmente, fique atento aos seus pressentimentos e antipatias "gratuitas".

Posição invertida: Olhe dentro de si mesmo. A verdade que pode doer. Realidade e fatos desagradáveis. Esta carta indica que a causa do problema pode estar dentro de você. Não tenha medo de encarar as suas falhas e fraquezas. Olhe-as de frente e "faça a mudança que você deseja ver no mundo".

22 — **O Caldeirão**

Posição normal: Você sente emoção de verdade, inspiração, renascimento, renovação. Não tenha receio de usar a criatividade, mesmo que isso o torne alvo de críticas. Não é possível (nem necessário) agradar a todos.

Posição invertida: Faltam a você criatividade e inspiração. Você está extenuado. Hora de se recolher e recarregar as energias. Entre em contato com a sua fonte interior, com as energias revigorantes da natureza e com a luz que existe dentro de você.

23 — **O Corvo**

Posição normal: Uma mensagem (ou na forma física, como uma carta, um e-mail, um telefonema, etc., ou do mundo espiritual, como um sonho, um encontro com o seu animal protetor ou anjo guardião).

Posição invertida: Você se sente isolado, amargo, magoado, incompreendido, por causa da falta de comunicação ou de um boato infundado. Chore, desabafe, mas não deixe que essa ferida envenene todo o seu ser. Tome um banho, purifique o seu corpo e a sua alma e enfrente o mundo com a alma renovada e a certeza de que existem forças maiores zelando por você.

24 — **A Borboleta**

Posição normal: Transformação, outro passo importante no seu caminho espiritual. Você está passando por uma mudança muito positiva.

Posição invertida: Estagnação no seu desenvolvimento espiritual. Necessidade de transformação. Você está apegado a padrões obsoletos. Não caia no comodismo nem se justifique dizendo, "Eu sou assim e acabou". Estamos aqui para nos tornarmos pessoas melhores a cada dia.

25 — **O Livro das Sombras**

Posição normal: Você tem sabedoria. Tempo de estudo, aplicação, conhecimento, introspecção intelectual.

Posição invertida: Falta de aplicação nos estudos, nenhuma introspecção intelectual. Negligência com relação aos estudos e ao aprendizado. Você precisa expandir os seus conhecimentos.

26 — **A Mandrágora**

Posição normal: Realização de encantamentos, estudo das plantas, comunicação com o mundo das plantas, meio ambiente, preocupação com questões ecológicas. Reconheça a sua ligação com a natureza e a sabedoria que ela pode lhe transmitir.

Posição invertida: Exploração, abuso, falta de ligação com a natureza. Tome consciência de que somos todos um. O mal que você pratica contra os outros ou contra a natureza é um mal que você faz contra si mesmo.

27 — **A Raposa**
Posição normal: Você é astuto. As suas decisões são cautelosas e inteligentes. Tire proveito dessa qualidade para encontrar soluções vantajosas para todos.
Posição invertida: Você demonstra indiferença. Cuidado com o entorpecimento e com os obstáculos. Ao seu lado se oculta alguém que não lhe quer bem. Fique de sobreaviso, mas não se deixe intimidar por nada nem ninguém. Os fatos e pessoas negativas só têm o poder que nós mesmos damos a eles.

28 — **A Árvore da Vida**
Posição normal: Você está superando os seus limites. Está descobrindo novas possibilidades e novas dimensões. Abra-se para a vida e para tudo de bom que ela lhe apresenta.
Posição invertida: Tudo está de cabeça para baixo. Indicação de problemas de saúde. Hora de cuidar de si mesmo com carinho e atenção.

29 — **A Vassoura**
Posição normal: Mexa-se. Deixe de lado o que estiver velho e desgastado. Expanda os seus horizontes, o mundo é muito mais amplo do que você imagina.

Posição invertida: Demora em agir por falta de dinheiro ou de oportunidade. Use a criatividade e não se esqueça de que a vida sempre nos oferece um mundo inteiro de possibilidades.

30 — **O Lago**
Posição normal: Você passa por um período de introspecção e reflexão. Recolha-se no seu ninho e aproveite para entrar em contato com os seus desejos e necessidades mais profundas.
Posição invertida: Você está em dúvida quanto a uma pessoa ou atitude. Incerteza. Indecisão. Peça orientação à sua divindade protetora e esqueça o assunto por alguns dias.

31 — **A Carruagem**
Posição normal: Tudo está em ebulição, as coisas estão acontecendo rápido demais. Não se afobe. Encare tudo com tranqüilidade.
Posição invertida: Você se sente estagnado. Obstáculos e impedimentos. É hora de ter confiança nos seus recursos interiores, nas suas capacidades e na proteção divina.

32 — **A Égua**
Posição normal: Nutrição, proteção, crianças. Época de muita fertilidade intelectual e física.

Posição invertida: Você sofre uma perda, privação ou destituição. A vida às vezes toma rumos inesperados para propiciar o nosso crescimento espiritual.

33 — **A Harpa Celta**

Posição normal: Você está cheio de alegria, felicidade, inspiração. Você tem muitos amigos que o apóiam. Hora de demonstrar a sua gratidão pela vida irradiando alegria por onde passa.

Posição invertida: Você sofre de tristeza ou falta de inspiração. Amizades podem acabar. Siga em frente com o coração aberto e muitas pessoas e situações novas surgirão na sua vida.

Mais informações sobre a religião Wicca você encontra nos livros a seguir, publicados pela Editora Pensamento-Cultrix:

— *Kit de Magia para Jovens*
— *O Livro de Magia para Bruxas e Aprendizes de Feiticeiro*
— *Como Ser uma Bruxa de Verdade*
— *Se Você Quer Ser uma Bruxa*
— *Confissões de uma Bruxa Teen*